Hermann

Barbarische Balladen

Hermann

Barbarische Balladen

Originalausgabe

H. A. - Center
Bekannt für schwache Grammatik,
aber mächtigen Inhalt
Giradetstr. 2-38
45131 Essen
Tel. : 0172/5208929
E-Mail: hermann.zu@historia-aktiv.de

Historia Aktiv™ Barbarische Balladen

Erste Auflage

Redaktion: Harald Eisenmenger
Deutsche Erstausgabe
Text © Copyright 2000 by Hermann
Titelbild © Copyright 2000 by Hermann
Alle Rechte vorbehalten.
Layout: Hermann
Idee: Hermann
Umschlaggestaltung: Hermann
Gesamtherstellung: Libri - Books on Demand
Printed in Germania 2000
ISBN: 3-8311-0771-8

INHALT

ABSCHNITT 1:

A L L E R L E I

ABSCHNITT 2:

S C H W E R T E R

ABSCHNITT 3:

L I E B E

Widmung

„Ich widme dieses Buch allen wirklichen Barbaren und Barbarinnen, die trotz Kälte des Nordwindes und Hunger im Magen die Feinfühligkeit einer Feldlerche besitzen. Allen Knilchen und ewig träumenden Jungfern sei dies ein Stern der Möglichkeiten."

Hermann
im August 2000

Danksagung

„*Ich danke all meinen Mitstreitern, insbesondere Rainer und Harry. Ich danke vor allem dem unsterblichen Geist der die genialen Intuitionen in mich legt.*

Und ich danke allen, die mich unterstützt haben und hier nicht aufgeführt sind, für ihre selbstsüchtige Art.

Ich danke all unseren vielzähligen Neidhammeln, die durch ihre Schusseligkeit auch weiterhin all unsere Köder schlucken und somit mit ihrer Negativenergie einen herrlichen Kontrast zu unserem strahlenden Ruhm bilden."

Hermann

Vorwort

Die folgenden Balladen sind über die Jahre hinweg entstanden. Einige sind sicherlich tiefgreifender als andere. Jedoch, wie meine Musikstücke, betrachte ich diese Verse als meine Kinder und sie sind mir gleichsam liebhold.

Wie bei allem, was ich tue, so mag auch hierin der Betrachter den Spiegel der Schwertklinge in seinem eigenen Seelenleben verspüren; Träume zu leben.

Ich habe oft auch auf das Versmaß und dergleichen nicht viel Wert gelegt.

Es gibt ja auch viele Germanisten, die reichlich viel Latein quatschen oder sich gar Römertitel (Doktor) zulegen.

Ich denke, daß in Zukunft, wenn vor allem selbige Herrschaften mal unseren Spendenaufruf am Ende des Buches beherzigen, wir viele verschiedene Ausgaben unserer Bücher publizieren können. Dies vor allem ohne Rechtschreibfehler und vielleicht in mehreren Versionen mit und ohne Rechtschreibreform und vor allem natürlich auch in Übersetzungen (z. Zt. arbeiten wir an einer Übersetzungen ins chinesische).

Der Inhalt ist wichtig, und erst dann die Form.

Der Stein

Wer bist du, alter Pflasterstein ?
Wieviele Füße traten auf dich ein ?
Wieviele Hände zwangen dich in Form ?
Füße und Hände gingen lang schon verlor'n.

Warst du einst stolzer Bergeinsiedler ?
Zersprengt liegst du im Pflaster hernieder.
Zersprengte Mauern und zersprengte Menschen,
du wirst immer noch glänzen !

(Vor allem für alle diejenigen, die einmal einen
Pflasterstein an den Kopf bekommen haben.)

Mächtiges Erbe

Millionen Jahre der Ahnen,
Traditionen kommen und gehen.
Menschen seh'n sich um und fragen
was bleibt besteh'n ?

Sie glauben an Propheten
und verleugnen ihr Erbe.
Doch das Leben des Helden
ist nicht das der Herde.

Dein eig'ner Stern ist das Ziel zuletzt,
Dein eig'ner Stern, auch wenn ihr and're verhetzt.
Das Erbe der Ahnen sind die Sterne am Himmelszelt
Im Herzen der Menschen der Wille der Welt.

Hermanns Hymne

Er baut die schönsten Schwerter,
er hat den längsten Schnautz.
Er lehrte uns die Schönheit
mit seiner breiten Plautz.

Er fragt wer hat noch Ehre,
Den Stahl in seiner Hand.
Für Völkerfreundschaft kämpft er
In jedem Erdenland.

Er macht Euch gern den Narren,
könnt Ihr es nicht versteh'n ?
Nur Muskeln müssen erstarren,
denn Gnome sind auch schön !

Seine Wahrheit ist der Sturm,
treibt Euch zu Eurem Ziel :
Ihr findet neue Länder
oder kentert im Gewühl.

Er bringt die Kraft der Entscheidung,
die Du so lang verschiebst.
Er stiftete selbst Ehen,
bringt Freunde, die Du liebst.

Kommst Du in unsren Kreis,
sei nicht mit jedem sogleich schwul,
doch achte die Geschwister,
Intriganten haltet's Muhl.

Man lästert uns Hermannsjünger,
doch wir sind stolz darauf !
Schließlich geht es nicht noch dümmer,
wir kennen Euch Falsch' zuhauf.

Er hat für Euch geblutet !
Habt Ihr Euer Gewissen erkauft ?
Sein Blick wird Euch zerschmettern,
kniet nieder oder lauft !

Finde deine Krone wieder

Rede wie du willst
Handle wie du fühlst
Gibt es nichts was du mehr willst
Finde deine Krone wieder

Schule hat dich abgefüllt
Familie hat dich aufgequillt
Die unsichtbare Krone gekillt
Finde deine Krone wieder

Sei inspiriert, selbstvolles Echo
Freundlichkeiten, kosmische Ketten
Schätze warten auf den Braven
Warten auf Helden nicht auf Sklaven

Breche aus mein Freund
Hast zu viel Stunden versäumt
Die Galle ist dir übergeschäumt
Finde deine Krone wieder

Die Befreiung der Urmutter

Die Erde ist kugelrund
Viele Frauen sind rund und gesund
Urmuttererde bringt Fruchtbarkeit
Ein bißchen in jeder deiner Töchter ist allzeit bereit
Lippen die wollüstig wülstigen
Kronenhaftes Haar mit unendlichem immerwährenden
Blick
Unermeßliche Hüften und glockenhaft schaukelnde
gigantische Früchte
Die im Schatten und im Licht gleichsam strahlen
So stark und schwer doch stets sanft und nachgiebig
Fruchtbarkeit ist Fertigkeit
Sollen deine Töchter sich kleiden
Statt sich zwingen zu lassen von Helfershelfern
Die selten keine Tunten sind
Nur Schattenlose brauchen eine Dünne zum vorzeigen
Und eine Dicke fürs Bett

Keine Macht den Doofen

Es gab Völker die lebten mit der Natur in Harmonie
Sie alle nahmen Drogen der Zaubertrank war es für sie
Indianer rauchten Pfeife, Germanen tranken Met
Andere tanzten tagelang wie ihr seht
Und deshalb keine Macht den Doofen,
keine Macht den Drogen

Fußballspieler heucheln Kindern Idealismus vor
Rennen zur Droge Kohle statt zum gegnerischen Tor
Sie spritzen sich Drogen aus der Drogerie
Die Staatsexperten in weiß raten dazu sonst nie
Deshalb keine Macht den Doofen,
keine Macht den Drogen

Politiker und Showstars als Vorbilder für den Mob
Schnüffeln, kippen Pillen alles nehmen sie für jeden
Werbespot
Doch der kleine gearschte Kiffer ist genauso
durchgeknallt
Bezahlt Chemodealerschweine,
geht nicht zum Zauberfliegenpilz in den Wald
keine Macht den Drogen
keine Macht den Doofen

Berlin oh Berlin

Ich ging nach Berlin, es war August
Ich ging obschon ich hatte wenig Lust
Dann sah ich dies Zentrum von Macht und Vergeh'n
Und ich habe deine Farben gesehen
Die Stadt war geteilt, Deutschlands Welt war es auch

Berlin oh Berlin, deine Farben sollen nie vergeh'n

Die bemalte Mauer, mein Geist brach sie auf
Das Parlament bringt Probleme,
Verkehrschaos jeden Tag

Und Mister Schickimicki wird folgen ungefragt
Nun hoff' das die Stadt ihr Flair nicht verliert
Es wäre schade wenn ihr alle emigriert

Berlin oh Berlin, deine Farben sollen nie vergeh'n

Die Katze um den heißen Brei

Viele gehen wie die Katze um den heißen Brei,
selbst wenn dieser schon längst kalt und vergammelt ist.
aus Gewohnheit !
Lerne im richtigen Augenblick zuzuschnappen,
ohne dich zu verbrennen.

Einsamer Stern

Fixpunkt der Dunklen
Die verspotten, beneiden, bewundern
Einsam in der Weite
Einsam in der Zusammenkunft
Einsam, deshalb einzigartig
Siehst du andere Kometen
Ahnst du das eigene Kometenwesen
Immer ist die Kraft die dich treibt deinesgleichen
Der Sturm des Lebendigen
Macht er Angst, einsam nicht
Denn es ist immer da
Nicht flüchten – verstecken
Sondern segeln auf ihm, den Drachen reiten
Sind Kometen immer einzigartig und allein ?
Sie tanzen miteinander

König von Deutschland
(zu Rio's Melodie)

Jeden Morgen wenn es bimmelt meine Eieruhr
Setz' ich mich auf meinen Thron und sehe nur
das ich nicht der bin, für den mich manche halten
Sondern König und Herr im göttlichen Walten

Ich weiß, das ist vielleicht nicht leicht zu versteh'n,
doch Du mußt erst mal Dich selbst anseh'n

Manch' einer hat die kosmische Power
Gleichmacherei war noch nie von Dauer

Das alles gibt scheinbar keinen Sinn
Doch ich mach' es, weil ich König von Deutschland bin

Nettigkeitsrecycling scheint das Motto der Welt
Freundschaften und Liebe werden verkauft fürs Geld.

Unter jedem Scheiß Brief steht „mit freundlichem Gruß",
kennst Du den Empfänger nicht, mach damit Schluß.

Das alles gibt scheinbar keinen Sinn
Doch ich mach' es, weil ich König von Deutschland bin

Herean (Schwerttanz)

Herean, Herean thule thorn urtyr
Herean, Herean thule thorn urtyr

hagal is arman
hagal is arfar
thule thorn urtyr

hagal is arman
hagal is arfar
thule thorn urtyr

ABSCHNITT 2:

SCHWERTER

Schwertinschrift
(mit 18 Jahren verfaßt)

Stolzes Schwert in meiner Faust
Feindes Scharen du zerhaust

Sei Dein eigenes Schwert

Sei der Arbeitssklave, wenn's nicht Jahre dauert,
schmiede Deine Seele, falsches Selbstmitleid lauert.
Wer handelt für sich, statt immer nur zu reden ?
Gewißheit des Todes gibt Mut für das Leben,

Sei Dein eigener Held
was kostet Dich die Welt
Sei Dein eigenes Schwert
was ist sonst noch wert

Denkt auch jeder an sich, wird an alle gedacht,
schwinge Dein Schwert, Selbstverwirklichungsmacht
Dein Seelenschwert kann nicht billig sein,
schachern um Stahl tut nur ein Schwein

Sei Dein eigener Held
was kostet Dich die Welt
Sei Dein eigenes Schwert
was ist sonst noch wert

Ordne Dich nur unter, wenn die Sache es will,
lauf' nur für and're, wenn Du es fühlst.
Lab' Dich an Siegen, die Kraft dieses Lebens,
lern gut zu verlieren, um wieder aufzustreben.

Sei Dein eigener Held
was kostet Dich die Welt
Sei Dein eigenes Schwert
was ist sonst noch wert

Der Schwertgefährte

Geh' Deinen Weg
er führt immer zu Dir
tanz' mit Dir fort

Gewinne Dein Schwert
genauso wie wir
an dem geheimen Ort

Die Klinge spiegelt stets
die Freiheit für Dich
die ganz eigene Würde

Das Leben ist Kampf
für jeden wie mich
verlieren keine Bürde

Zweischneidige Schwerter
bringen Rechte und Pflichten
unsterbliche Kraft

Hilft Dir
die Feinde zu vernichten
mit Deinem Liebessaft

Erfahrene Schönheit
gibt innere Stärke
Vervollkommnungsdrang

Das Kampfritual
lehrt andere zu verstehen
herrschen ohne Zwang

Verrat

Ich steh' allein, was wollt ihr von mir
Ihr steht in meiner Schuld
Verlockung des Verrats zu geistiger Freiheit
Reicht meine Geduld
Verrätst du mich, verrätst du dein Schwert
Bist du ein Blatt im Wind
Selbstbestimmung lehrt Gradlinigkeit
Kasper' nur mein Kind

__Du warst ein Held__
(Lied an Robert)

Ja wirklich, du warst ein Held und nachdem du eine
Niederlage
einzustecken hattest, mochtest du „normal sein".
Aber der Held bleibt ein Held und eine verlorene Schlacht
ist kein
verlorener Krieg.
Und dereinst wirst du wieder reiten, vielleicht auf anderen
Pferden
und schließlich, denn schließlich war die Niederlage dafür
da aus
dem Helden einen König zu machen.

ABSCHNITT 3:

LIEBE

<u>Wenn beide sich bewegen, tanzen sie miteinander</u>

Ich liebe es, daß Du hier bist,
aber ich möchte Dich nicht festhalten.

Wenn ich mich entscheiden müßte,
würde ich Dich weitertreiben.

Deine Freiheit ist auch für mich die einzigste Freude.
Obschon es mich verletzte.

Bevor ich mich selber bewegte.

Der See

An diesem See kam ich gern vorbei
An diesem See tat ich gern verweilen
Nicht lange – doch immerzu von neuem

Im Alltagsstaub bist du ein Farbblitz
An schnöder Autobahn oder als kristallener Gebirgssee
Erschienst du mir als schönster der Schönen

Faßbar und vertraut doch stets unergründlich
Wie Seen nun mal sind

Möge die Sonne auch deine Tiefen
Unter der schillernden Oberfläche
Stets durchdringen

Ohne Titel

Gelber Hafer deines Haares
wird zum Hüter deiner Augen
wenn die Anderen dich nicht wirklich sehen sollen
deine Gestalt bricht sich immer die Bahn
egal was du trägst
die Anblicke verzücken das Auge
auf immer andere doch stets vertraute Weise
als ob eine lange Gewißheit Bestand erhält
und ich warte auf die nächste Bewegung
dein immerzu abwartender Blick enträtselt nicht

Das Bollwerk und die Säule
(eine höchst erotische Weise)

Ein Land das hat ein Bollwerk an der bekannten Stell'
Ein Land das ist Geheimnis und offener Schönheit hell

Ich sah ein Land in Größe mit ungläubigem Aug'
Mit Flüssen und mit Bäumen dem wunderschönen Laub

Ein Bollwerk stand im Grünen mit übergroßer Macht
Zwei Höfe und zwei Türme in unermeßlicher Pracht

In ihrem großen Zwinger wollt' ich ja stets verweilen
Von ihrem süßen Schimmer die Augen mir übergeihn

Nicht weit von diesem Bollwerk stand eine Säule stolz
Ich wünschte nun das Diese mit Jenem gut verschmolz

Nicht weit von diesem Bollwerk stand eine Säule stolz
Sie stand in praller Stärke allein sich lieb und hold

Nun sehnten sich die Türme des Bollwerks zueinand'
Grad' so wie diese Säule der Einheit auch da stand

Da rief nun diese Säule die Wolken schnell herbei
Das sich der Türme Schatten und Friede sollen sei'

Der Winter tat sein bestes mit dickster Flockenpracht
So haben dann die Wolken beide zusammen weiß gemacht

Da fand ich nun das Wunder wenn Wünsche heiß begehr'n
Des Winters dicke Flocken, sie beide lieben und ehr'n

Der reife Mann

Das Leben geht weiter und weiter und weiter
Das Leben geht weiter und weiter und weiter
Der reife Mann

Junge Männer glauben, Liebe ist heilig
Alte Männer glauben, Liebe ist käuflich

Junge Männer wollen jede Frau haben
Alte Männer verzichten an manchen Tagen

Das Leben geht weiter und weiter und weiter
Das Leben geht weiter und weiter und weiter
Der gereifte Mann

Ode an die Marktschlampe

Welch' Panzer mag Deine Seele umhüllen
begafft und begrapscht bleibst Du unantastbar
versprichst Du lustvolle Glücksmomente
die man betrachtet aber nie erreicht
dem Ehealltag wärst Du der Stern der Möglichkeiten
Dein Antlitz schreit nach der Berührung meiner Lenden

„Für alle, die es noch genauer wissen wollen, seien meine anderen Bücher empfohlen. Vor allem „Hermanns Herrlichkeit". Jetzt sollte ich auf die „Goldene Sänfte" gehievt werden. Wer unterstützt die Arbeit:

- Übersetzung der Bücher in andere Sprachen
- Öffentlichkeitsarbeit
- Germanen für Völkerfreundschaft
- Vorleben statt Theoretisieren

Kurz: Alles, was aus den Büchern und Taten hervorgeht."

Spendenkonto:

SCHWERT RING DEUTSCHLAND
VOLKSBANK HORN
Kto. 210 21 97 800,
BLZ 476 900 80

Der Autor

Neue Bücher:

Eine Reihe neuer genialer Bücher sind bei Historia Aktiv™ in Vorbereitung. Fragen sie jetzt und später bei ihrem Fachhändler!

Der Mythos vom heiligen Schwert

Das absolute Muß, nicht nur für Schwertfreunde.
Zahlreiche Abbildungen, Europas Schwerter und
Urgötter, Alchimie-Orakel, Kriegertum, Alltagsrituale,
berühmte Filme, L.R.S., Musik, Schaukampftechnik,
Friedensbewegung, „Wilder Mann- und Frauenrecht",
Sagas, Kaufhilfen, Pflege, bewiesene Faszination des
Kultobjektes in Deutschland.

Minnedurst

Historische Geschichten von derber Lust.
(Nicht von Hermann!)

Sammelband 1
(2 Bücher zum Preis von einem):

1. <u>Finde Deine Krone wieder</u>

Wie man seine eigene Selbstherrlichkeit wiederfindet und in seinem Königreich herrscht.

2. <u>Buch der Kräfte</u>

Welche Kräfte und Einflüsse bremsen und beschleunigen. Das eigene Leben und „der Rest der Welt" als Spielball verborgener und offensichtlicher Kräfte, die jeder heldenhaft beherrscht – oder sich beherrschen läßt.

Beide Werke können nur Geistesblitze sein!

Sammelband 2
(2 Bücher zum Preis von einem):

1. Zeitspringer

Deutschlands sondersame Leute, die Geschichte in ihrem Leben wiedererweckt haben. Von der Runenhexe bis zum Lederdesigner á la Asterix, von Freizeitrittern, Pilgern und Atlantiküberquerern. Sehr unterhaltsam geschrieben.

2. Andere Germanen

Neue Einblicke in die Germanen der Gegenwart. Seine verblüffenden Schlüsse zieht der „lebende Germane" Hermann nicht nur durch Abschreiben differierender Historiker, sondern auch durch natürliche Betrachtung musealer Funde und der Alltagsumstände. Positiv werden im unerschöpflichen Thema Fragen angerissen und durch Vortragsthemen beschrieben. Eine unendliche Hilfe auch für alle Autoren, die wieder mal keine Ideen haben. (Germanen & Umweltschutz, Gleichberechtigung usw.)

Hermanns Herrlichkeit

Neue Einblicke in das Leben des Cheruskers und seiner
Inkarnation in unseren Tagen.
„Ich heiße doch nicht Arminius!"
Die unglaublichen Heldentaten (Augenzeugenberichte!).
Welch neue Dimension für unser aller Selbstwertgefühl!

German & Romania

Ein Germanen-Multi-Kulti-Märchen für kleine und große Leute (10 – 150 J.). Der Drache vom Externstein erwacht und zeigt zwei Zankenden die uralten Parallelen zwischen Menschen, Natur und Umwelt (Kultur). Ergänzt durch liebevolle Zeichnungen erwacht in jedem Leser die Ur-Kult-Ur.

Historische Bezüge lassen das geniale Märchen in einer verblüffenden Realitätsnähe erscheinen.

Barbarische Balladen

„Neue deutsche Romantik ohne falsche Schnörkel. Vielleicht das Beste seit den Klassikern!" (Poesie hinterfragt – 3/2000)

Nur wer wie Hermann ein heldenhaftes Leben führt, scheint zu diesen Gedanken und Worten fähig. Balladen von: Schwertern, Liebe, Helden, Selbstmitleid, Mut, Zaubertränken, Pflastersteinen usw.

V i d e o s :
(mäßige Qualität – mächtiger Inhalt!)

Der Schwertkämpfer Teil 1

Die europäische Schwertfaszination in Mythos, Historie
und Gegenwart.

Der Schwertkämpfer Teil 2

Kinderleichtes Schaukampftraining für Männer und
Frauen. Ausführliche Tips zum Kauf und zur Pflege der
Schaukampfschwerter.

Hermanns Herrlichkeit

Unglaubliche Heldentaten von Hermann. Musik, Völkerfreundschaft, Urkultur. Ein Phänomen des Mannes, der durch Vorleben überzeugt.

M u s i k :
(in Vorbereitung)

Hermann Superhero stellt viele Projekte vor. (Nervt die Lieferanten!) Einige Stücke sind mehrfach oder in abgewandelter Form auf den Tonträgern zusammengestellt. Hier bitte auch unbedingt unsere Homepage (www.historia-aktiv.de) beachten!

Guitar God

Die besten und vielseitigsten Instrumentals des Gitarren Gottes.

German Steel

Metal-Stücke von Hermann (engl.)

Germanen Stahl

Die gleiche CD wie German Steel, nur in deutsch!

Classic Rock

Alte Rock- und Hardrock Stücke (engl.)

Hitting Rocks

Hits und Rocksongs (engl.)

Germanen Felsen

Die gleiche CD wie Hitting Rocks, nur in deutsch!

Universal Union

Reine experimentelle Guitarren Synthesizer
Instrumentalversionen.

BEST OF...

...Rock Experience

Englische Rocksong Experimente

...Rock Experience D

Die gleiche CD wie oben, aber in deutsch

uvm.

Akustik

Global Akustik Guitar

Weltweite Akustik Guitarreninstrumentals. Hermann übertrifft sich an Einfallsreichtum und Virtuosität selbst.

Euro-Akustik Guitar

Akustik Instrumentals zu verschiedenen Ecken Europas. Sein Einfühlungsvermögen und die immer neuen Klangstrukturen verblüffen erneut.

Germanen der Gegenwart

Hermanns Raunengesänge, Lyraguitarren und Naturorchester in dem Germanenwuchtwerk. Außerdem neudeutsche historische Schwert und Heldengesänge.

Historia Aktiv Sampler

Verschiedene Musikgruppen stellen unterschiedliche historische Epochen vor.

Ritter - Handwerker - Aktion

Kinder werden Ritter - und Sie?
aktiver Schwertkampf, Lederpunzieren, Speerziehen, Mittelaltermode,
englisches Langbogenschießen und, und, und ...

Kleiner Historientreff

Raum für eigene Balladen

Raum für eigene Balladen

Raum für eigene Balladen